Elogios de la poesía de / Praise for the poetry of Néstor Díaz de Villegas

Vida Nueva, 1984

¡Qué limpidez, qué concisión y fulgor! Algo inesperado, realmente inicias una poesía nueva.

What clarity, what concision and radiance! You've started something new in poetry.

—Reinaldo Arenas (Cuban novelist, 1943-1990)

Por el camino de Sade, 2002

Por el camino de Sade tiene la densidad de una novela o de un ensayo histórico, de una obra de teatro irrepresentable. Y encontrar a Sade dentro de la Revolución Francesa es hallazgo excelente y justo, tiene la justeza de un teorema.

Sade's Way has the compressed richness of a novel or a historic work. It's a piece of theater impossible to stage. And this vision of Sade's figure within the frame of the French Revolution is revelatory and just – as scrupulous as a theorem.

—Antonio José Ponte (Cuban poet and story writer, 1964-)

Por el camino de Sade
Sade's Way

Por el camino de Sade
Sade's Way

Sonetos/Sonnets

Néstor Díaz de Villegas
Translations from the Spanish by David Landau

pureplay press

First Edition

Copyright © 2003 by Pureplay Press

All rights reserved under International and Pan-American Copyright Conventions

No part of this book may be reproduced or transmitted in any form or by any means, electronic or mechanical, including photocopying and recording, or by any information storage or retrieval system without the prior written permission of the copyright owner unless such copying is expressly permitted by federal copyright law.

Please direct all correspondence to: info@cubanovel.com

Cataloguing-in-Publication Data
Díaz de Villegas, Néstor.
    Por el camino de Sade: sonetos / de Néstor Díaz de Villegas ; with translations by David Landau—1st ed.
    p.   cm.
Includes Index.
ISBN 0-9714366-2-2 (pbk.)
1. Sade, Donatien-Alphonse-François, Comte, called the Marquis de, 1740-1814—Poetry. 2. France—History—Revolution, 1789-1799—Poetry. 3. Arts—France—18th Century—Poetry. 4. Cuba—History—1959- —Poetry. I. Landau, David II. Title
861.6—dc21

Library of Congress Control Number: 2002113960

Front cover illustration: Gault de Saint-Germain, *Le Rire* (1804)
Cover and book design by Wakeford Gong
Photo by Pedro Portal

Printed in the United States

Well, an old order is just a violent one.
This proves nothing. Just one more truth, one more
Element in the immense disorder of truths.

Wallace Stevens
Connoisseur of Chaos

Nota del traductor

Hace casi tres décadas, el régimen que todavía hoy detenta el poder en Cuba decidió rebautizar, con el nombre del asesinado Presidente de Chile, una de las calles más conocidas de La Habana, el bulevar Carlos III. Néstor Díaz de Villegas, entonces un estudiante con vocación de poeta, respondió a esta medida escribiendo su *Oda a Carlos III*, y leyéndola luego a sus compañeros de clase, en la sureña ciudad de Cienfuegos:

¡Cuántos años presidiste
la antigua avenida
digna y puntualmente!

Y ahora, ¿podrías soportar
el espectáculo de la chusma
que se agita ante tus pies de piedra,
pretendiendo entender
de jerarquías?

¡Oh, viejo amigo, estás
mejor que nosotros!
Tú no tienes que sufrirlos.
No estás ya obligado, como yo,
a ver, a oír, y a decir...

En respuesta a este poema las autoridades cubanas ordenaron el arresto de Néstor Díaz y lo sometieron a treinta días de interrogatorios. Hallado culpable de "diversionismo ideológico", el poeta de dieciocho años fue a la cárcel. Cinco años más tarde, en abril de 1979, durante un mejoramiento pasajero de las relaciones con los Estados Unidos, el régimen de Cuba liberó a un grupo de prisioneros políticos, entre los que se encontraba Néstor. Unas

Translator's Note

Nearly three decades ago, the régime that still holds power in Cuba decided to rename one of Havana's most popular streets, Carlos III Boulevard, after the recently slain socialist president of Chile. Néstor Díaz de Villegas, a student already set in his poet's vocation, answered this action by writing – then reading aloud to his classmates in the southern city of Cienfuegos – his "Ode to Carlos III."

> With what grace and dignity
> have you presided over the old avenue
> for so many years!
>
> But now, can you stomach
> the riff-raff parading under your
> stony feet and pretending
> to know about hierarchies?
>
> O, old friend, you are better off!
> You don't have to suffer them.
> You're not forced, like me,
> to see, to hear, and to speak....

In reaction to this poem, Cuban authorities ordered Díaz's arrest and subjected him to thirty days of interrogation. Found guilty of "ideological deviation," the eighteen-year-old poet went to jail. Five years later, in April 1979, a fleeting improvement in relations with the United States led the Cuban régime to free a number of its political prisoners including Díaz. Within a few weeks of his release, Díaz was working at a furniture factory in Vernon, California. His poetry continued without surcease.

With the present book, Díaz's work is making its first substantial

semanas después de su excarcelación, el poeta se encontraba en Vernon, California, trabajando en una fábrica de muebles. Su poesía no se interrumpió.

Con el presente libro, la obra de Néstor Díaz hace su primera aparición sustancial en idioma inglés. Volúmenes anteriores le han ganado el afecto del público de lengua española y la admiración de escritores como Reinaldo Arenas, quien dijo de su *Vida Nueva*, "realmente inicias una poesía nueva". La literatura habla por sí misma. Sin embargo, la primera pregunta que un lector hace a un libro es: "¿Qué le otorga al autor el derecho a escribirlo?". Permítaseme hablar brevemente en nombre del poeta.

El ambiente de la vida de Néstor viene directamente de ese otro, en apariencia exótico, que se agita en el trasfondo de estos poemas: el siglo dieciocho francés. Las conmociones de aquella sociedad dieron inicio a un arrebato que subyugó a gran parte del mundo, incluida la Cuba de Néstor, durante un largo período de tiempo. El poeta ha estado absorbiendo esa realidad desde sus propios comienzos. Ha entendido que, para aprehender lo que está delante de nuestros ojos, primero debemos imaginarlo. Los sonetos de Néstor Díaz son "máquinas de pensar" que han permitido al poeta, no solamente ver el aire que respira, sino realizar asombrosos saltos asociativos entre las regiones más insólitas del universo humano. ¿Qué hace en esta obra Janet Reno —podría preguntar el lector— junto a los pintores Watteau y David? Sencillamente esto: Néstor, para usar una frase fabulosa de Nietzsche, ha realizado la circunnavegación artística del mundo.

A la presente traducción está ligado indisolublemente un tercero: Benigno Dou, quien apadrinó y alentó hasta el final la realización del proyecto. El trabajo del traductor está dedicado a él con todo el afecto imaginable.

La satisfacción especial que me produjo traducir estos poemas se debió a la participación, medida por medida, del autor. Néstor posee un agudo sentido del idioma inglés y buena parte de las soluciones que encontramos se deben a él. De la puntuación, claro, soy el único responsable.

appearance in English. Earlier volumes have won Díaz the affection of Spanish-language audiences as well as admiration from writers like Reinaldo Arenas, who wrote to Díaz, "You've started something new in poetry." Fine writing speaks for itself. Then again, the first question anyone asks about a book is: "What gives the author license to write it?" So let me speak briefly for the poet.

The setting of Néstor Díaz's life comes direct from the seemingly exotic one that lurks in the background of these poems: eighteenth-century France. The upheavals of that society began a juggernaut that would subjugate much of the world, including Díaz's Cuba, across a broad span of time. The poet has been inhaling this reality since his own beginnings. He has also understood that in order to grasp what's in front of one's eyes, one must first imagine it. Díaz's sonnets are "thinking machines" that enable him not merely to see the air he breathes, but to make striking associative leaps between the most disparate parts of the human universe. What, you may ask, is Janet Reno doing in a work alongside the painters Watteau and David? Just this: Díaz – to use Nietzsche's fabulous phrase – has brought off a circumnavigation of the world in art.

To this translation, a third party is indissolubly linked: Benigno Dou, who godfathered the enterprise and nurtured it to completion. The translator's part of the work is dedicated to him with every conceivable affection.

The special joy of translating these poems came from the poet's measure-by-measure involvement. Díaz has a surpassingly vivid sense of English, and a good number of the solutions we reached are thanks to him. The punctuation marks, of course, are mine alone.

Albany, California
September 2002

Por el camino de Sade
Sade's Way

I

A bard of coiffed and powdered wigs,
a sage who has no correspondence,
falls backward on his rickety cot
and dreams of splendid banging.

Now comes a train of doctors and inmates
to waken him; fairy godmothers
whose nipples are smeared with blood,
swimming in spit and camphor.

The grand revolution has betrayed him.
The liberty that the libertine dreamt,
fornicatrix of the sovereign state,

fingers him as a pimp and assassin,
and makes him proclaim what he's concealed:
the atrocious republic of his destiny.

I

Un bardo de pelucas empolvadas,
un sabio que no tiene quien le escriba,
se tira en el camastro, bocarriba,
y sueña con magníficas clavadas.

Lo viene a despertar la comitiva
de doctores y locos. Vienen hadas
madrinas con las tetas embarradas
de sangre, de alcanfor y de saliva.

La gran Revolución lo ha traicionado.
La misma Libertad que el libertino
soñó, fornicadora del Estado,

lo acusa de Burlón y de Asesino
y lo hace proclamar lo que ha callado:
la República atroz de su destino.

2

Thoughtfully, meticulously crafted,
almost by a miracle of science,
Silling's château is a work of patience
turned craggy nest and rock-hewn tower.

A castle embedded in consciousness;
and climbing is, perhaps —a Freudian slip—
a descent to the summits of oblivion,
where the rabble or the diligence won't pass.

Monsieur le Duc has burnt all the bridges,
and the mule edges up the precipice,
inviting predictable mishaps.

O Liberty, you whore, you mother of vice!
What do your champions, frigid fanatics,
know about the power of artifice?

2

Meticulosamente construido,
casi por un milagro de la Ciencia,
el Château de Silling es la paciencia
hecha torre en la roca y hecha nido.

Un castillo enclavado en la conciencia
—y escalar es, tal vez, acto fallido,
un descenso a las cumbres del olvido—
donde no llega chusma o diligencia.

El Duque ya quemó todos los puentes
y el mulo busca ahora un precipicio
donde ensayar precisos accidentes.

¡Oh puta, Libertad, madre del vicio!
Tus frígidos, fanáticos valientes,
¿qué saben del poder del artificio?

3

Art is the worst degenerate.
And the blueprints that the mind creates
possess an inner rhythm. The unconscious
passes inspection on the decorated hall.

A terribly clever set designer
visualizes the dangers of sin
and confines them in a circus conceived
with academic principles in mind.

The one who suffers: not the lovelorn,
and neither is it precisely a god.
It's the selfsame insufficient theater,
cloaked in the garb of honor, horrified.

And he who inflicts pain: it's no less
than the author of obscene anapests.

3

El Arte es el peor degenerado:
y en los planos creados en la mente
hay un ritmo interior. El inconsciente
inspecciona el recinto decorado.

Escenógrafo tan inteligente
visualiza el peligro del pecado
y lo encierra en un circo diseñado
con verdadero espíritu docente.

El que sufre: no es un enamorado
ni tampoco es un dios precisamente;
es el mismo Teatro insuficiente
que se viste de honor, horrorizado.

Y el que inflinge dolor: no es nada menos
que el autor de anapésticos obscenos.

4

The theater is a most dangerous place.
It prostitutes life by duplicating it.
Nothing but formica about the wood;
the mirror's just a nebula of glass.

Nobody knows who's the fornicator –
the wife, the mirror, or the husband?
The wall: is it a latrine, or a dungeon?
The stage door: will it lead us in, or out?

The actors are merely silhouettes
against a backdrop that heaven falsifies.
The design of the plot-turned-inside-out
with what demiurge almighty identifies?

Concealed under the skin of the playwright,
a thaumaturge – old masturbator – hides.

4

El Teatro es un sitio peligroso,
prostituye a la vida y la duplica:
la madera es un truco de formica,
los espejos de un vidrio nebuloso.

No se sabe quién es el que fornica,
¿la mujer, los espejos o el esposo?
La pared, ¿es letrina o calabozo?
Y la puerta, ¿destina o comunica?

Los actores: apenas un esbozo
contra el telón que el cielo falsifica.
Y la trama al revés se identifica
¿con qué demiurgo todocaprichoso?

¿O hay un viejo pajero, un taumaturgo,
bajo la piel teatral del dramaturgo?

5

A whorehouse on his tongue, and in the buds
—foreskins untimely deflowered—
a dewdrop, like honey, dilly-dallies
and runs into theatrical excitement.

Possessing all of them is not enough.
Anxious as an actor at his first bow,
he puts them through trials, makes them suffer,
and never has he rejoiced more than now.

His tongue in its prison of quotations
—the very tongue that's finally set him free—
no longer waits for utopian Bastilles,

or wrongful words, to give him liberty.
How can the wonders of Mirabeau compare
to an asshole delectably dethroned?

5

En la lengua un harén y en los capullos
—prepucios deshojados a deshora—
una gota de miel que se demora
abocada a dramáticos embullos.

Con la misma ansiedad que conmemora
su debut teatral —y hacerlos suyos
no le basta— los mete en mil barullos:
pero nunca ha gozado más que ahora.

La lengua en su prisión "entre comillas"
—la misma que por fin lo ha liberado—
no espera ya de utópicas Bastillas

la Libertad, ni el Verbo equivocado.
¿Se pueden comparar las maravillas
de Mirabeau a un culo destronado?

6

If the father of Sade does foretell
the Marquis to come, the Tuileries,
and its garden of sinful fantasies,
let us view his erotic silhouette.

To this garden of spies and queers
come the soldier, the procurer, the actor,
looking for those to bang 'em in the rear.
And of course the police — at last! — appear.

In the summary act, unrepeatable
words and many sinuous allusions
to the member in its varied synonyms

try to implicate the lowly passions
in what are, to be sure, more terrible,
quite vain — and all too human — illusions.

6

Si ya el padre de Sade es el profeta
del Marqués que vendrá, las Tullerías
en el Jardín de impuras fantasías,
nos deja ver su erótica silueta.

Jardín de maricones y de espías,
aquí viene a buscar quien se la meta
el soldado, el actor y el proxeneta:
aparecen, por fin, los policías.

En el acta final irrepetibles
palabras y sinuosas alusiones
al miembro en sus sinónimos posibles

tratan de complicar bajas pasiones
en las que, a todas luces, más terribles,
son vanas (muy humanas) ilusiones.

7

At the root of the tree the Magi Kings,
and in the golden branches the sonnets
of Laura and Petrarch —convoluted
bloodlines, heraldic intimations—

will make him feel atavistic inclinations
toward an epoch of eunuchs and slaves;
just as ridiculous as eighteenth
nephews are Gothic great-grandsons.

Concealed in the vices of his prose
lies a savor of trifles and commonplaces
that exposes its doubtful antiqueness.

He who inherits the escutcheon and the wounds
will issue from forebears, from prior lives,
condemned to spring to being inside a tomb.

7

En la raíz del árbol Reyes magos
y en las ramas doradas los sonetos
de Petrarca y de Laura —vericuetos
de la sangre, heráldicos amagos—

lo harán sentir impulsos obsoletos
hacia una edad de eunucos y de esclavos:
tan ridículos son decimoctavos
sobrinos como góticos biznietos.

Escondido en los vicios de la prosa
hay un sabor a cosas consabidas
que descubre su antigüedad dudosa.

Será de antepasados, de otras vidas,
—condenado a nacer en una fosa—
que heredara el blasón y las heridas.

8

"Then they used to take me by the asshole."
Sade wanted to leave this point quite clear:
that it's a ferreted, dishonest pleasure,
not without a tortuous dissembling.

The circle must be well disposed,
and, in its measure of sin, strictly null;
in the old refrain, tamed as the mule
which could at last be laid upon the ground.

The manly member finds its place
by entering the coveted gut –
and adds a missing link to the race.

The rebellion is well justified
when fear, symmetrical, overcomes
the thousand prohibitions of the Void.

8

"…Entonces, me cogían por el culo".
Sade quiso dejar bien claro esto:
que es un placer buscado y deshonesto,
no sin cierto tortuoso disimulo.

Tiene que estar el círculo dispuesto
y, en la medida del pecado, nulo.
Por refrán popular trocado en mulo
aquel que pudo ser, por fin, depuesto.

Encuentra el miembro varonil su casa
entrando a la gandinga deseada:
el eslabón perdido de la raza.

Está la rebelión justificada
cuando el miedo, simétrico, rebasa
las mil prohibiciones de la Nada.

9

Vice is the herald of revolution.
It lets itself be seen in pederasty,
vulgar prelude to another symphony
eroica; such are the conditions

it requires. And such is the torment
of a world that disowns its cherished fictions
in order, once aroused, to seek sensations
of a suffering it's not yet borne.

Every city keeps in its dark corners
the mark of that long-standing rebellion –
a proof it was already known
before civic passions were burning.

So it is that by the way of Sodom
the selfsame traveler arrives at Rome.

9

El vicio anuncia las revoluciones,
se deja ver en la pederastía,
vulgar preludio de otra sinfonía
heroica: tales son sus condiciones

preliminares. Tal es la agonía
de un mundo que desmiente sus ficciones
para buscar, despierto, sensaciones
dolorosas que antes no sentía.

Toda ciudad conserva en sus rincones
la marca de esa antigua rebeldía,
la prueba de que ya la conocía
antes de arder en cívicas pasiones.

Así por el camino de Sodoma
el mismo caminante llega a Roma.

10

Happy are those who bear the handsome wounds
of the whip, watchword of nobility.
Poor girl Rose Keller, turned to fodder,
would never have been. Ice would cover

her grave. If today she takes possession
of one's memory, then let eternity
— and a curl of her hair in the dreamy,
tragic page — render consolation.

As Laura with Petrarch —more nit-picking,
more resistant to serve as a model—
she mistakes and forgets him in an instant.

From the sky falls suffering on the Rose.
And the tyro, dilettantish poet,
schooling himself to murder, spreads his wings.

10

Felices los que llevan del flagelo
las heridas hermosas: contraseña
de la nobleza. Pobre y hecha leña,
Rosa Keller no hubiera sido. Hielo

cubriría su tumba. Si hoy se adueña
de la memoria, sirva de consuelo
la eternidad y un rizo de su pelo
en la página trágica que sueña.

Como Laura a Petrarca —más pedante,
más renuente a servirle de modelo—
lo confunde y lo olvida en un instante.

A la Rosa el dolor le cae del cielo.
Y el Poeta, novato y diletante,
aprendiendo a matar, levanta el vuelo.

11

Behind the drawn window-shutters
extends a moat more deep and wide
than any worldly law or order.
So the poet trumps his adversaries

with pitfalls fit for simple vagabonds;
or conceals himself behind stained-glass
windows and, broken into liquid crystals,
becomes a sad Harlequin for a second.

All the while the Marquis bumps his uglies
as he turns into poison the bad wine –
the cloaca of resounding triumph,
or a seraglio of vagina's fires?

In plain sight of the walls he finds concealment,
utterly mistrusting hasty judgment.

11

Detrás de los cerrados ventanales
hay un foso más ancho y más profundo
que las leyes y el orden de este mundo.
El poeta confunde a sus rivales

con las trampas de un simple vagabundo.
O se esconde detrás de los vitrales
desarmados en líquidos cristales
y es un triste arlequín, por un segundo.

Entretanto le roncan los timbales
y trastoca en veneno el vino inmundo,
¿la cloaca de un éxito rotundo
o el *seraglio* de fuegos vaginales?

Escondido a la vista de los muros,
desconfiado de juicios prematuros.

12

Inspector Marais is everywhere!
He follows Sade, dogs him and surveils him,
with a pointing finger profiles him:
scribble — mythomaniac — Descartes!

Caught by surprise, the inspector vacillates.
Who is this model of the arsenic arts?
This one who exudes Beauvoir and Marat,
as well as Sigmund Freud and Roland Barthes?

He lodges in a granary. Some day
great masterworks will issue from his ass.
Andrés Serrano will piss on his tomb.

He will elude the ambush of the spy.
Early will he reach his destined place,
while the policeman looks for him in vain.

12

¡El Inspector Marais en todas partes!
Lo sigue, lo persigue, lo vigila,
con el índice-lápiz lo perfila:
garabato-mitómano-Descartes.

El Inspector, estático, vacila:
¿quién es este dechado de las artes
arsénicas? ¿Este que a Roland Barthes,
Beauvoir, Marat y Sigmund Freud destila?

Pernocta en un granero. De su ano
saldrán obras maestras algún día.
Sobre su tumba orinará Serrano.

Burlará la emboscada del espía.
Llegará a su destino más temprano
aunque en vano lo busque el policía.

13

The bridegroom tarries. The nuptial rites
are aiming to turn the rancid blood
of the noble —scatological substance,
empty of the rhythms of sport—

to psychopathological remove.
The bridegroom affine, convict's homologue,
draws near the city in a roundabout
and passes, under a very strict watch

—while Morpheus carries Mercury in his arms—
to the confinement of the chamber,
to fornication without consequence,
and to the commingling of desire.

The cure for his ailment: penicillin
injected under his goose-bump skin.

13

El novio se retrasa. El himeneo
procura convertir la sangre rancia
del noble —escatológica substancia—
privada de los ritmos del bureo

en psicopatológica distancia.
El novio afín, homólogo del reo,
se acerca a la ciudad con un rodeo
y pasa, bajo estricta vigilancia,

—Mercurio entre los brazos de Morfeo—
a las limitaciones de la estancia,
a la fornicación sin importancia,
y a la concomitancia del deseo.

La cura de su mal: penicilina
inyectada en la carne de gallina.

14

A house, a castle, a defense
against dust, against the suggestions
of life —or against its appearances—
can be a shack or a pyre immense.

The poet finds no fundamental
differences. He is, therefore he thinks
in every situation, and whoever
masters him must trace him to his essences.

If he chooses the fire, if he escapes
in imitation of the ermine's flight,
then pure obscurity will be his map.

If the shack, a manger with an infant
where the asshole of a Devil crouches down
and looks him in the eye with tenderness.

14

Una casa, un castillo, una defensa
contra el polvo, contra las sugerencias
de la vida (contra las apariencias)
puede ser una choza o pira inmensa.

El poeta no encuentra diferencias
fundamentales: es y luego piensa
en cualquier situación, y quien lo venza
deberá reducirlo a sus esencias.

Si él escoge la pira, si se escapa
imitando la fuga del armiño,
la pura oscuridad será su mapa.

Si la choza: un pesebre con un niño
donde el culo del Diablo se agazapa
y lo mira a los ojos con cariño.

15

Goya-red flies of the Spanish fire,
cantharides of emetics discolored;
synthetic scruples of mosquitoes
that anemic ladies in vomit exhale

through their lethal, ethical, ascetic,
athletic and mimetic smelloramas.
You procure from a coleopteran fart
aesthetic, odoriferous delights.

Enveloped in anise or chocolate
—gluttony, bonbons, a heavy meal—
from the gullet to the chamber pot they shoot.

How then can one reproach the inert
catechumen — a horsefly that beats
its wings in the bowels of death?

15

Goyescas moscas de la España en llamas,
cantáridas de lívidos eméticos:
guasazas, escrúpulos sintéticos,
que en vómitos —anémicas— las damas

exhalan por sus éticos, peléticos
y pelados, peludos odoramas.
De un pedo de coleóptero reclamas
placeres odoríficos o estéticos.

Envueltas en anís o en chocolate,
—bombones, comezón y plato fuerte—
descienden al tibor por el gaznate.

¿Qué puede reprobársele al inerte
tábano catecúmeno que bate
alas en las entrañas de la muerte?

16

Not to send you to a poetry contest,
nor present as reading matter for the loo –
but rather to identify you with my vice
by symmetrical phonemes in lieu.

To make permutations –I am stroking
my prick, suffusing it with the phlegm
that lit up my mouth with your watchwords–
from the antique syllable to the orifice.

To lick the crux of the ass, the eczemas
of Marat; to make marks in the stucco
of a building in flames; to speak of craftiness
from Watteau to David, and their dilemmas.

Neither verses with carbides matured,
nor histories that make one feel sure.

16

Ni mandarte a un concurso de poemas,
ni leerte en la taza del servicio,
sino identificarte con mi vicio
a través de simétricos fonemas.

Hacer permutaciones (me acaricio
la pinga, la ensalivo entre las flemas
que encendieron la boca con tus lemas)
de la sílaba antigua al orificio.

Lamer la cruz del culo, las eczemas
de Marat; rayar la cal de un edificio
en llamas; describir lo subrepticio
de Watteau a David, de sus dilemas.

Ni versos madurados con carburo,
ni historias que prometan lo seguro.

17

O Sade, *ci-devant*, from way-back-when!
If the past is no more, what's left for *now*?
A petal in your books? Unhappy hour
that in the cradle separates two defunct

instants: rapture that commemorates
two stripes of concomitant grief –
two centuries, two chasms, two dancers
of Watteau stranded in the aurora.

Is Cythera behind, or at the forefront?
Do they retreat, or advance? In the dark
of the wood, let go from the hand of God,

would that uncertain past hurl them
to the margins of the human? Or do they
give themselves to the future facing backward?

17

¡Ay Sade, *ci-devant*, de-los-de-antes!
Si *antes* no es, ¿qué queda para *ahora*?
¿Un pétalo en tus libros? Mala hora
que divide en la cuna a dos instantes

difuntos; embriaguez que conmemora
dos franjas de dolor concomitantes,
dos siglos, dos abismos, dos danzantes
de Watteau encallados en la aurora.

¿Está Citera al fondo? ¿En primer plano?
¿Regresan o se marchan? En lo oscuro
del bosque (dejados de la mano

 de Dios) aquel pretérito inseguro,
¿los lanzaría a la margen de lo humano?
¿O se entregan de espaldas al futuro?

18

For a second, David – oh, he wishes! –
would draw a single note on the guitar
where the hand, at the fingertip, plucks an air,
the air of another world and time.

Genteel Mezzettino becomes undone.
He goes in the garb of a sad globetrotter.
With his foot a vagabond's rhythm he taps;
he riffs time, and in turn time rifts him.

The divine comedy ends with a dirge,
while the vulgar human tragedy begins
with the death-and-a-half of Marat.

A note –bloody washbasin and eczema–
is all the Encyclopedia will leave
in the hand that points toward tomorrow.

18

Tomaría David, por un segundo,
dibujar una nota en la guitarra,
donde una mano —al dedo— el aire agarra,
al aire de otro siglo y de otro mundo.

Mezzettino gentil se desamarra,
va vestido de triste trotamundo,
con el pie lleva el ritmo vagabundo:
rasga el tiempo y el tiempo lo desgarra.

Con un treno termina la comedia
divina: la vulgar tragedia humana
comienza con Marat de muerte y media.

Una nota (sangrienta palangana
y eczema) dejará la Enciclopedia
en la mano que apunta hacia el mañana.

19

How did a painter paint twenty thousand
faces with a single brush? One life alone
doesn't do for art. Whoever forgets you,
David, will he forgive that you forget him?

There was the multitude assembled,
and the public was asking you to pose.
That you immortalize your revolution!
Always give the public what it implores.

A severed head, decommissioned
cheguevaras, end of the game, busts
of heroes, tunnel with no exit, we wanted
– o great painter – that you paint us.

You are the monkey of Watteau who smears
the canvas with no sense of what appears.

19

¿Cómo pintó un pintor veinte mil caras
con un solo pincel? Sólo una vida
no alcanza para el Arte. Quien te olvida,
David, ¿perdonará que lo olvidaras?

Allí estaba la turba reunida
y el público pedía que posaras.
¡Que tu Revolución eternizaras!
Al público da siempre lo que pida.

Una cabeza muerta, cheguevaras
decomisados, fin de la partida,
bustos de héroes, túnel sin salida,
quisimos gran pintor que nos pintaras.

Eres el mono de Watteau que unta
la tela sin saber a lo que apunta.

20

The astronomer Bailly straightens up
—he'd been bending over a map of Earth—
he leaves to take off his cape, he loses
his way, the physical certainty of his

actual self. Numbers overtake him.
In his sudden vision of purity,
all is Reason; and all of nature
the mere reflection of what gets away.

How sad it gets away after being defined,
like the name of an invisible bird!
The sparrow, the blackbird or the kestrel?

That mouth which asks the impossible
– if only it could come to ask again! –
would never doubt that it was possible.

20

El astrónomo Bailly se endereza,
(estaba inclinado sobre un mapa
de la Tierra), se va a quitar la capa,
pierde el rumbo, la física certeza

de su ser real. El número lo atrapa:
en su visión de súbita pureza
todo es Razón; toda naturaleza
sólo el reflejo de lo que se escapa.

¡Que se escape después de definirlo
como el nombre de un pájaro invisible!
¿El gorrión, el cernícalo o el mirlo?

Esa boca que pide lo imposible
—¡si pudiera volver a repetirlo!—
no volverá a dudar si era posible.

21

A pallid, masked girl regurgitates
while another, painted, spits up a plum
into a pockmarked hand and draws
the heavy curtain. The *demoiselle*

With her arms raised up against the cloth
receives a thrashing, quite exquisitely.
One puckers her lips, the other yells
whenever the candle's flame flickers off.

The whole set —color, varnish— mimics
the blurred contours of a funereal
Cubist stele; that selfsame school
disillusioned the artist and the fag.

Sickened by democracy and old lace,
they give their naked faces to disgrace.

21

Una máscara pálida vomita;
la otra escupe, pintada, una ciruela
en la mano picada de viruela
y descorre el telón: la señorita

con los brazos alzados en la tela
recibe latigazos, exquisita.
Una frunce los labios. La otra grita
si se apaga la llama de la vela.

El conjunto (color, barniz) imita
los contornos borrados de una estela
fúnebre cubista: la misma escuela
desengañó al pintor y al sodomita.

Enfermas de Ilusión y Democracia
dan la cara desnuda a la desgracia.

22

I'm asking you for a crystal dong,
blown up to unseeming proportions.
If Lladró has a god —superstitions
apart— if the original model

stirred up a sea of sensations
in my mortal and irritable flesh,
I want Evil in a replica of clay
that restores to pain all its illusions.

Nothing can give relief – nothing can punish
Nothingness in her cloying woman's garb –
like the prodigal son, free-wheeling male,

who rejects the right to be reborn
in the filthy gaol of woman's womb.
A buggerer or an instrument of fun?

22

Te pido una morronga de cristal
troquelada en vistosas dimensiones:
si hay un dios de Lladró (supersticiones
aparte), si un modelo original

provocó todo un mar de sensaciones
en mi carne colérica y mortal,
quiero en barro una réplica del mal
que devuelva al dolor sus ilusiones.

Nada puede aliviar —nada castiga
a la Nada en su traje de mujer—
como el mismo varón que se prodiga

y rechaza el derecho a renacer
en la sucia prisión de una barriga.
¿Bugarrón o instrumento de placer?

23

Only the cheek's beauty mark is missing,
and a smudge of shit on the lace finery.
If I set out to replace his shackles
with an assassin's moth-eaten dress,

and if I, with diluting salts, erase
the rococo tattooing of death —the blade
that slits the throat of yet another whore—
his character will suffer a rebirth.

The Marquis idealizes in the mirror
—a crooked image in symbol submerged,
an echo of a reflection of a mirage—

and reinvents the Marquis of the scripture;
more incredible but less and less old
each time he gets a reading, and gets ogled.

23

Sólo falta el lunar en la mejilla
y una mancha de mierda en el encaje:
si le cambio el grillete por un traje
de asesino, comido de polilla,

y le borro con sales el tatuaje
rococó de la muerte —la Cuchilla
que se lleva a otra puta en la golilla—
volverá a reencarnar su personaje.

El Marqués se idealiza en el espejo,
torcida imagen, desembocadura:
reflejo de un reflejo de un reflejo.

Y reinventa al Marqués de la escritura,
más increíble pero menos viejo
cada vez que recibe una lectura.

24

No one would believe that this drunkard,
declaiming the lines of a libretto,
could discover any hidden meaning –
knickers hanging loose, torn pantaloons,

a wig sketchily insinuated;
lips of a boy, the voice of an old man,
the uncertain pussyfooting of a clown
who got lost in the middle of a phrase.

It's the divine Marquis! The leading rabble
has come straight from Paris to behold him
as if he were a demented god.

Now they have no way to silence him.
He drools in the slang of the unconscious,
and the whole world trembles just to listen.

24

Nadie podrá creer que este borracho
recitando las líneas del libreto
llegará a revelar ningún secreto
—pantalones flotando en el bombacho;

la peluca insinuada en un boceto;
la voz de viejo, labios de muchacho;
la misma indecisión de un mamarracho—
perdido en un período incompleto.

¡Es el Marqués! La chusma dirigente
viajó desde París para admirarlo
como si fuera él un dios demente.

Y ya no habrá manera de callarlo
—babea en el argot del inconsciente—
y el mundo entero tiembla al escucharlo.

25

Life's but a tale told by an idiot,
full of the sound and fury of the lore;
without meaning or end or beginning,
gyrating in depleted metaphors.

And what if the idiot's been directed
by a cruel demiurge? One who cracks
the whip to keep him talking, or feeds
him lines scribbled on his hand?

He moves, vacillating, on the stage
under the strict and cynical gaze
of a faithless sadist. Is it worth the pain

of paying an absurd admission price
just to find out which opera premieres
in the cruel theater of Nothingness?

25

La vida es como el cuento que un idiota
cuenta, lleno de furia y de sonido,
sin principio ni fin, y sin sentido:
girando en sus metáforas se agota.

¿Y si el idiota ha sido dirigido
por un demiurgo cruel? ¿Y si lo azota
para que siga hablando, si le anota
las líneas en la mano, confundido?

Se mueve, vacilante, por la escena
bajo la estricta, cínica mirada
de un sádico sin fe. ¿Valió la pena

pagar el precio absurdo de la entrada
para saber qué ópera se estrena
en el cruel Teatro de la Nada?

26

A ring-bedecked hand with fingers clenched
—dirt under fingernails, rolled-back eyes—
encircles, as if it were to pull a knob,
the quivering, wet bundle of muscles,

slippery from glans to groin to glans
and back and forth and back —are those the eyes
of God Almighty peeping through the chink?—
ambidextrous in each and every sin.

He spills the milk, then fixedly he bows
over the body that in submission lies,
nailed to the fiction of a crucifix.

It's a deadly sin. The corpus beloved
takes him into his bosom like a son
and, transfigured, he will fall into its eyes.

26

Una mano adornada con sortija
rodea entre sus dedos apretados,
(las uñas sucias, los ojos virados)
como si fuera a halar una manija,

el temblor de unos músculos mojados
que resbalan del glande a la verija,
(¿son los ojos de dios por la rendija?)
ambidextro en todos los pecados.

Derrama leche y se inclina fijo
sobre el cuerpo que yace derrotado,
clavado a la ficción de un crucifijo.

Es pecado mortal, (el cuerpo amado
lo acoge en sus entrañas como un hijo)
y en sus ojos caerá, transfigurado.

27

You put the poet in a stoolie's clothes.
You boast about the Terror that you rhyme.
With a scythe, you penetrate royal cunts.
Guillotine and love — tawdry crime!

With the *vox populi* you identify.
You defend against everyone, a cat
with its back up. You reject ill treatment
in the name of Law. You don't criticize.

You give voice to the general delusion
that the juggernaut provokes in every mind —
an ocean of shit that you splatter
with the gilded tip of your shoe.

Hidden under your lofty meters,
you survive the plagues and lotus eaters.

Disfrazas al poeta de chivato;
presumes del Terror que versificas;
penetras con guadañas regias cricas.
Guillotina y amor, crimen barato.

Con la voz popular te identificas;
te defiendes de todos como un gato
bocarriba; rechazas el maltrato
en nombre de la Ley, no lo criticas.

La ilusión general que el arrebato
provoca en las conciencias comunicas:
océano de mierda en que salpicas
con la punta dorada del zapato.

¡Debajo de la métrica escondido
sobrevives la peste y el olvido!

28

The procurer of Trocadero Street
beats it to the Prado in *guayabera*.
If the divine Marquis had not written him,
then like a *bolero* would he be forgot.

In the Old City of Havana, like any
who might aspire to a lasting tyranny,
he laughs with the rabble, a prisoner
of the very epoch he helped destroy.

Every revolution starts at zero.
The criminal's life is always austere.
He adores fanaticism, from afar.
He sighs in front of a worker's cock.

No syncretism and no causal chain,
but the eternal return of the same.

28

El buscón de la calle Trocadero
sale al Prado a fletear en guayabera:
si el divino Marqués no lo escribiera
se podría olvidar, como un bolero.

En la antigua Ciudad, como cualquiera
que aspire a un despotismo duradero,
se ríe con la chusma, prisionero
él mismo de la edad que destruyera.

Toda revolución comienza en cero.
La vida criminal es siempre austera.
Admira el fanatismo, desde afuera.
Suspira ante la pinga de un obrero.

Ni el encuentro casual, ni el sincretismo:
¡el eterno retorno de lo mismo!

29

Those poets with taste aristocratic
love to trick the public; their atheism
rescues the Supreme Being from the abyss
and turns him to a comical dramatic.

History repeats itself. It matters not
whether God comes as Horace democratic
or in the form of a mystic hieratic;
he'll be the incarnation of the despotic.

To seek the death of a demiurge static
or the crucifixion of communism,
the cabal of a new pessimism
or a messiah handsome and patriotic?

On one side Reason, the supreme non-being,
and a wavering deity at the other extreme.

29

Los poetas de gusto aristocrático
quieren burlar al pueblo; su ateísmo
rescata al ser supremo del abismo
y lo convierte en cómico dramático.

La historia se repite: da lo mismo
si dios vendrá de Horacio democrático
o en la imagen de un místico hierático,
será la encarnación del despotismo.

¿Pedir la muerte de un demiurgo estático
o la crucifixión del comunismo,
la mística de un nuevo pesimismo
o un Mesías patriótico y simpático?

De un lado la Razón, noser supremo,
y la ambigua deidad del otro extremo.

30

"A bath of warm water and some coins
will be enough for me." Leaving the hermitage,
Rose Keller wonders about things of faith:
"*Signorino*, please relieve, if you can,

my lamentable state, any little thing...."
And the Marquis, who cloaks himself in silks
under foxes' fur: "If you ensnare yourself
with me today, it's I who'll resurrect."

This chance encounter before a chapel
of the seamstress and the fatal nobleman
is a *deus ex machina* at knife-point.

On living flesh cascades the wax,
and in the wound there forms an ugly scab
that seems an image of Jesus in drag.

30

"Un baño de agua tibia, unas monedas
me bastarán" —saliendo de la Ermita,
Rosa Keller cosas de fe medita:
"*Signorino*, alivia en lo que puedas

mi triste situación, cualquier cosita…"
Y el Marqués, que se esconde tras las sedas,
bajo pieles de zorro: "Si te enredas
conmigo hoy, soy yo quien resucita".

El encuentro casual en la capilla
del gran señor fatal con la hilandera
es como un deus ex machina a cuchilla.

Sobre la carne viva cae la cera
y en la costra se forma una postilla
que parece un Jesús de jodedera.

31

Shit-covered fist and a leather mask.
Cat-o'-nine-tails and chains on the wall.
Apparatuses, imagery obscene.
A churchman's tube pumping soil

runs out through his cock and veins.
Feces flow, revulsed, from a septic tank,
shooting down cylindrical domains,
and by the handful cascade into his mouth.

He's a ferocious guy, Dick Evil-Eye,
hoisted on top of TV antennas,
like a demented Reinaldo Arenas
crossed with Mephisto the truck driver.

A lily arranged in delirium's glass
wilts like a phallus in a brimming vase.

31

Puño embarrado y antifaz de cuero.
En las paredes: látigos, cadenas.
Aparatos, imágenes obscenas.
Un tubo eclesiástico de suero

le sale por la pinga y por las venas.
La mierda va del asco al vertedero
por un cilindro crónico de acero
y le cae en la boca a manos llenas.

Es un tipo feroz, de mal agüero,
parado en la altitud de las antenas.
Parece un demencial Reinaldo Arenas
cruzado con Mefisto camionero.

En el vaso colmado del delirio
hay un falo trocándose en un lirio.

32

Just as the clouds of dusk, in an instant,
pass from their brilliant reds and golds
to murky grey and to immense blackness,
so, too, with sovereignty and luck.

Arrived, at last, is the hour of beginning;
and for the king, and god, their turn to fall.
The opposite of nothingness can be,
at times, the illusion of a solid body.

The cloud passes and, tarnished, expires.
With a bloody trembling in the pupils,
from up on high regards us, in his agony,

a god, a sun, a star, a king. The lilacs,
the old rose hues, were only lying.
And even light itself deserts the ranks.

32

Como las nubes de un atardecer
pasan del rojo y del dorado intenso
en un segundo al gris y al negro inmenso,
así pasan la Suerte y el Poder.

Le llegó al Fin la hora del comienzo,
y al rey (y a dios) el tiempo de caer:
el revés de la Nada puede ser
a veces ilusión de un cuerpo denso.

Pasa la nube, se desdora, expira;
con un temblor sanguíneo en las pupilas
desde la altura en su estertor nos mira

el dios —el sol, el astro, el Rey. Los lilas,
los rosas viejos, eran de mentira.
Y hasta la luz deserta de sus filas.

33

In the dreamt-of age, the Batistiad,
which Mirabeau would have wanted cut short
like a waking dream that self-aborts,
crime was already part of the *contrat*

social. The Comrade who now exhorts
to *fatherland or death* calls for contempt,
and the stool pigeon's wickedness he fosters;
he cares not for the dreamt-of yesterday.

The oldsters who once invented tomorrow
today stand watch over relics. To the tomb
they'll scurry away with their stately sorrow.

Rousseau's invention, chuck it on the dung heap!
To hell with the preachments of Martí!
Let them give us the forgotten dictatorship!

33

En la soñada Edad del Batistato,
que Mirabeau quería fuera corta
como un sueño despierto que se aborta,
el crimen ya era parte del Contrato

Social. El compañero que ahora exhorta
al *Patria o Muerte*, busca el desacato
y conmuta la culpa del chivato
porque el ayer soñado no le importa.

Los viejos que inventaron el mañana
guardan reliquias. A la sepultura
se llevarán su angustia soberana.

La invención de Rousseau, ¡a la basura!
¡Al carajo la prédica Martiana!
¡Que nos den la olvidada Dictadura!

34

Even if Madame's looking for a ruse
to snatch away the Bastille's noble guest
—her husband has screamed himself hoarse
making out the danger— and, misled,

she approaches the prison, the common herd
has closed every entranceway to her.
Liberty is frustrated one more time,
and again the Marquis has lost his chair.

Among the debris, lost and coiled up
—the verbal refuge of a crab louse—
a work of fiction hiding in a seed
turns itself to Vulgate novelized.

Sodom's hundred twenty days are found;
or, fate rears its head in a jail cell under ground.

34

Aunque la esposa busca una coartada
para hurtar al rehén de la Bastilla,
(su esposo, con razón, se desgalilla
avistando el peligro) y engañada

acude a la prisión, la pacotilla
le cierra los caminos de la entrada.
Una vez más, la Libertad frustrada;
y otra vez el Marqués perdió la silla.

Entre escombros, perdida y enrollada,
—el refugio verbal de una ladilla—
la novela escondida en la semilla
se convierte en Vulgata novelada.

Los ciento veinte días de Sodoma
o "El destino en la ergástula se asoma".

35

Égalité – execrable invention!
A fantasy of deep-thinking lawyers,
of frigid, castrated philosophers,
a silly and capricious who-knows-what.

Principles more denatured, less humane,
than those which, in bad faith, invoke the Good
—confounding *sans-culottes* with noblemen—
have never gained so broad a claim to fame.

We are born, under different stars, distinct;
some innately made to be dictators,
others, lily-livered, to be tamed.

Can the painter of mechanical Corinths
equalize the flowers and wild beasts?
Everyone will own a TV set.

35

¡Qué execrable invención, *l'Égalité!*
Ensueño de profundos abogados,
de frígidos filósofos castrados,
absurdo y vanidoso no-sé-qué.

Principios más desnaturalizados
que los que invoca el Bien, de mala fe,
—confunde al *sansculotte* con el que fue
un gran señor— no han sido equiparados.

Nacemos, por casualidad, distintos:
los unos para innatos dictadores,
los otros para pálidos jacintos.

¿Podrá igualar las fieras con las flores
el pintor de mecánicos Corintos?
¡Todo el mundo tendrá televisores!

36

An aged Christ is always an antichrist.
His years are quite sufficient to betray him.
Let God die young before eternity
slaughters him. Hard thing is being Mephisto.

Who is going to buy his shop-worn compass
in order to survey what's never seen?
And when, in truth, will he be ready
to acquiesce that he has never slipped?

His belly weighs him down; his saddened
testicles – and how much idolatry
must they bear! – devoid of ambition.

He'll expire in democratic agony
—and death does follow on everyone's heels—
a devil aged in wise hypocrisy.

36

Un Cristo viejo es siempre un Anticristo,
la misma senectud ya lo delata.
Muere dios joven si antes no lo mata
la Eternidad. Lo duro es ser Mefisto.

¿Quién va a comprar su brújula barata
para reconocer lo nunca visto?
¿Y cuándo, de verdad, estará listo
para aceptar que no metió la pata?

Le pesa la barriga. Los cojones
engurruñados —¡cuánta idolatría
soportarán!— no tienen ambiciones.

Expira en democrática agonía
—la muerte pisa a *todos* los talones—
un diablo viejo en sabia hipocresía.

37

Jean Marais, Jean Valjean and Janet Reno
—figures scratched off the face of History—
all search for their Pyrrhic victory:
a *misquito,* a mulatto, an albino.

Now there remains no trace or memory
of Beauvoir, Gardel or Brian Eno.
Memory: a garden with a single path
that forks at every step of passing glory.

If Destiny weren't so damn stingy,
it would remoisten itself in the euphoria
of the very first time – a getaway
to a flick by Quentin Tarantino.

The present, the future and the past
are busy in the darkness, trading masks.

37

Jean Marais, Jean Valjean y Janet Reno,
borrados personajes de la Historia,
todos buscan su pírrica victoria.
Un misquito, un mulato y un albino.

Ya no queda ni rastro ni memoria
de Beauvoir, de Gardel, de Brian Eno.
La memoria: jardín con un camino
que se bifurca al paso de la gloria.

Si el destino no fuera tan mezquino
volvería a mojarse con la euforia
de la primera vez. Escapatoria
hacia un filme de Quentin Tarantino.

El pasado, el presente y el futuro
se intercambian caretas en lo oscuro.

38

Tonight I can write the saddest little verses
while I sit at my lonesome dressing table.
I can pull my voice out of a drawer
and poorly written arguments bequeath.

Tho' I may do them well, the wretched verses
—reader, you're misinterpreting my silence—
I will open up my screaming windows,
and the whole bloody world can interfere.

What's the point of chasing lowly iambs,
and dying in the toga of a poet,
if the blouse never drops, and if the nipple
cannot make a bud of faded blossoms?

Tonight I can write: "The sky is full of stars"
— or, saying nothing, let it just depart.

38

Puedo escribir los más tristes versitos
esta noche, sentado a la coqueta.
Puedo sacar mi voz de la gaveta
y dejar argumentos malescritos.

Aunque los haga bien (malinterpreta
mi silencio, lector), versos malditos,
abriré la ventana de los gritos
para que el mundo entero se entrometa.

¿De qué vale coger yambos bajitos
y morir con la toga del poeta
si no baja la blusa y una teta
abotona sus pétalos marchitos?

Puedo escribir: "La noche está estrellada",
o dejarla escapar sin decir nada.

39

Saying good-bye is the hardest injury
that one could ever inflict upon a foe.
So said José Martí, and also Dante
when he was banished to the darkest wood.

The bowels of a giant and a monster
transfigured into cells of bitterness
—and foreign ground become a sepulcher—
in future days will be his hearth and home.

In the river of Being, in its reflection,
he saw the heavens and the promised land,
but only in the appearance of a sketch.

Even life itself will be a stranger
—the life that is a guide for the perplexed—
at the entranceway of every last farewell.

39

Decir adiós es la maldad más dura
que infligírsele pueda a un contrincante,
—ya lo dijo Martí, lo dijo Dante
desterrado en la selva más oscura.

Las entrañas de un monstruo y de un gigante
convertidas en celdas de amargura
—y la tierra extranjera en sepultura—
serán como su hogar en lo adelante.

En el río del ser, en el reflejo,
el cielo vio, la tierra prometida,
mas sólo en la apariencia de un bosquejo.

Extranjera será la misma vida
—la vida que es la guía del perplejo—
a las puertas de cada despedida.

Once again will the sacred swallows return
to fly through the obscurities of your books;
and once more will Jean Valjean live to loot
candelabra of hollowed calamine.

You taught me how to read and walk
through a Paris of heraldic boulevards;
and now you bestride my leafless book
in a way you could never divine.

Another revolution set on fire
the tomes of Lamartine, the sad poetry
of Bécquer, the leathery spines of Hugo

and Flammarion that you intended
for me. Foresights and dreams remained:
your words, watching themselves in mine.

Al Maestro J.P.L.
...Et rumpite libros

Volverán las sagradas golondrinas
en tus libros oscuros a volar,
y otra vez Jean Valjean podrá robar
candelabros de huecas calaminas.

Me enseñaste a leer y a caminar
por un París de heráldicas esquinas:
y en mi libro sin páginas caminas
donde nunca pudiste imaginar.

Otra Revolución quemó los tomos
de Lamartine, las tristes poesías
de Bécquer, los correosos lomos

de Hugo y Flammarion que tú querías
fueran míos. Quedaron los asomos:
tus palabras mirándose en las mías.

Índice
Index

First Lines

1. A bard of coiffed and powdered wigs,
2. Thoughtfully, meticulously crafted,
3. Art is the worst degenerate.
4. The theater is a most dangerous place.
5. A whorehouse on his tongue, and in the buds
6. If the father of Sade does foretell
7. At the root of the tree the Magi Kings,
8. "Then they used to take me by the asshole."
9. Vice is the herald of revolution.
10. Happy are those who bear the handsome wounds
11. Behind the drawn window-shutters
12. Inspector Marais is everywhere!
13. The bridegroom tarries. The nuptial rites
14. A house, a castle, a defense
15. Goya-red flies of the Spanish fire,
16. Not to send you to a poetry contest,
17. O Sade, *ci-devant*, from way-back-when!
18. For a second, David – oh, he wishes! –
19. How did a painter paint twenty thousand
20. The astronomer Bailly straightens up
21. A pallid, masked girl regurgitates
22. I'm asking you for a crystal dong,
23. Only the cheek's beauty mark is missing,
24. No one would believe that this drunkard,
25. Life's but a tale told by an idiot,
26. A ring-bedecked hand with fingers clenched
27. You put the poet in a stoolie's clothes.

Primeras líneas

1. Un bardo de pelucas empolvadas,
2. Meticulosamente construido,
3. El Arte es el peor degenerado:
4. El Teatro es un sitio peligroso,
5. En la lengua un harén y en los capullos
6. Si ya el padre de Sade es el profeta
7. En la raíz del árbol Reyes magos
8. "…Entonces, me cogían por el culo".
9. El vicio anuncia las revoluciones,
10. Felices los que llevan del flagelo
11. Detrás de los cerrados ventanales
12. ¡El Inspector Marais en todas partes!
13. El novio se retrasa. El himeneo
14. Una casa, un castillo, una defensa
15. Goyescas moscas de la España en llamas,
16. Ni mandarte a un concurso de poemas,
17. ¡Ay Sade, *ci-devant*, de-los-de-antes!
18. Tomaría David, por un segundo,
19. ¿Cómo pintó un pintor veinte mil caras
20. El astrónomo Bailly se endereza,
21. Una máscara pálida vomita;
22. Te pido una morronga de cristal
23. Sólo falta el lunar en la mejilla
24. Nadie podrá creer que este borracho
25. La vida es como el cuento que un idiota
26. Una mano adornada con sortija
27. Disfrazas al poeta de chivato;

28. The procurer of Trocadero Street
29. Those poets with taste aristocratic
30. "A bath of warm water and some coins
31. Shit-covered fist and a leather mask.
32. Just as the clouds of dusk, in an instant,
33. In the dreamt-of age, the Batistiad,
34. Even if Madame's looking for a ruse
35. *Égalité* – execrable invention!
36. An aged Christ is always an antichrist.
37. Jean Marais, Jean Valjean and Janet Reno
38. Tonight I can write the saddest little verses
39. Saying good-bye is the hardest injury
40. Once again will the sacred swallows return

28. El buscón de la calle Trocadero
29. Los poetas de gusto aristocrático
30. "Un baño de agua tibia, unas monedas
31. Puño embarrado y antifaz de cuero.
32. Como las nubes de un atardecer
33. En la soñada Edad del Batistato,
34. Aunque la esposa busca una coartada
35. ¡Qué execrable invención, *l'Égalité!*
36. Un Cristo viejo es siempre un Anticristo,
37. Jean Marais, Jean Valjean y Janet Reno,
38. Puedo escribir los más tristes versitos
39. Decir adiós es la maldad más dura
40. Volverán las sagradas golondrinas